超訳《ちょうやく》！

こども名《めい》著《ちょ》塾《じゅく》

あの古典《こてん》のことばがよくわかる！

4

〈ツァラトゥストラ〉ニーチェ

〈人生《じんせい》の意味《いみ》の心理学《しんりがく》〉アドラー

日本図書センター

はじめに

世界《せかい》にはたくさんの本《ほん》があります。そのなかでも、とくに多《おお》くの人《ひと》に読《よ》まれ、国《くに》や時代《じだい》をこえて、現在《げんざい》でも多《おお》くの人々《ひとびと》のこころをはげまし続《つづ》けている本《ほん》があります。このような本《ほん》を「名著《めいちょ》」といいます。名著《めいちょ》は、いってみれば世界《せかい》の人々《ひとびと》にとって共通《きょうつう》の財産《ざいさん》のようなものです。

わたしたちも、そんな名著《めいちょ》のことばから、生《い》きるためのヒントや勇気《ゆうき》をたくさんもらいました。そして考《かんが》えました。「そのなかには、いつか世《よ》の中《なか》に出《で》て行《い》くみなさんに役立《やくだ》つことばもきっとあるはず！」―この『超訳《ちょうやく》！ こども名著塾《めいちょじゅく》』は、そんな思《おも》いでつくった本《ほん》です。

ここにおさめた10の名著《めいちょ》は、日本《にほん》と世界《せかい》のたくさんの名著《めいちょ》から、みなさんにとくに知《し》ってもらいたいものを選《えら》んでいます。そして、それらの名著《めいちょ》から全部《ぜんぶ》で100のことばを選《えら》び、わかりやすい「超訳《ちょうやく》」で紹介《しょうかい》しています。

落《お》ち込《こ》んでいるとき、悩《なや》んでいるとき、新《あたら》しい世界《せかい》に踏《ふ》み出《だ》そうとしているとき……。みなさんが人生《じんせい》で出会《であ》うさまざまな場面《ばめん》で、この本《ほん》から、こころを前向《まえむ》きにしてくれることばを見《み》つけてくれたらと願《ねが》っています。

「超訳《ちょうやく》！ こども名著塾《めいちょじゅく》」編集委員会《へんしゅういいんかい》

この本《ほん》の読《よ》み方《かた》

『ツァラトゥストラ』と『人生《じんせい》の意味《いみ》の心理学《しんりがく》』には、さまざまな場面《ばめん》で、
きみがどのように考《かんが》え、どのように行動《こうどう》すべきかのヒントが、たくさんつまっているよ。
ぜひくり返《かえ》し読《よ》んで、意志《いし》と勇気《ゆうき》で人生《じんせい》を切《き》りひらく力《ちから》を身《み》につけよう。

作者《さくしゃ》のアドバイス
きみにおぼえておいてほしいポイントだよ。

超訳《ちょうやく》
ことばをわかりやすく説明《せつめい》したよ。ユニークなイラストと一緒《いっしょ》なら、ことばの理解《りかい》が深《ふか》まるはず。

役立《やくだ》つ場面《ばめん》
紹介《しょうかい》することばが役立《やくだ》つきみの状況《じょうきょう》や気《き》もちを紹介《しょうかい》しているよ。

第1部　ツァラトゥストラ

自分《じぶん》の味方《みかた》ってだれ？

自分《じぶん》の最大《さいだい》の味方《みかた》は自分《じぶん》。もっと自分《じぶん》のことを好《す》きになろう。

人《ひと》はおのれみずからを愛《あい》することを学《まな》ばなければならない、……

自分《じぶん》を好《す》きになって自分《じぶん》を応援《おうえん》しよう！

人間《にんげん》の生《い》き方《かた》について、真剣《しんけん》に考《かんが》えたニーチェせんせい。そんなニーチェせんせいは、自分《じぶん》を好《す》きであることがたいせつだといっているよ。どういうことだろう。

自分《じぶん》らしく生《い》きるためには、「自分《じぶん》はこうしたい」「こうなりたい」という意志《いし》が必要《ひつよう》だよ。でも、その意志《いし》をもち続《つづ》けるのはむずかしいこと。ニーチェせんせいは、「自《じ》分《ぶん》を好《す》きだったら、自分《じぶん》の意志《いし》をもち続《つづ》け、それにもとづいて行動《こうどう》することができる」と考《かんが》えていたんだ。

どんなに仲《なか》のよい友《とも》だちでも、ずっときみの側《そば》にいて、きみを助《たす》けることはできないよね。でも、もし自分《じぶん》を好《す》きになれれば、自分《じぶん》の1番《ばん》の味方《みかた》がいつも側《そば》にいるのと同《おな》じことになるんだ。つらいことがあっても負《ま》けないで、がんばって成長《せいちょう》していくことができるよ。

自分《じぶん》を好《す》きになって、自信《じしん》をもって、自分《じぶん》の意志《いし》にもとづいて行動《こうどう》しよう！　そうすれば、ほんとうに自分《じぶん》らしい生《い》き方《かた》ができるんだ。

17　16

くわしい解説《かいせつ》
身近《みぢか》な出来事《できごと》などを例《れい》にしながら、ことばがどんなふうに役立《やくだ》つかを解説《かいせつ》しているよ。むずかしい場合《ばあい》はおとなの人《ひと》に聞《き》いてみよう。

日本語訳《にほんごやく》
もとの本《ほん》のことばの日本《にほん》語訳《ごやく》だよ。声《こえ》に出《だ》して読《よ》んでみよう。

もくじ

第《だい》2部《ぶ》 人生《じんせい》の意味《いみ》の心理学《しんりがく》
―人生《じんせい》にチャレンジ!

名著《めいちょ》ものがたり

1 『人生《じんせい》の意味《いみ》の心理学《しんりがく》』ってどんな本《ほん》? ……… 42

2 『アドラー』ってどんな人《ひと》? ……… 44

3 『アドラー』が生《い》きた時代《じだい》 ……… 46

人生《じんせい》ってどんなもの?

意味《いみ》は状況《じょうきょう》によって決定《けってい》されるのではない。
われわれが状況《じょうきょう》に与《あた》える意味《いみ》によって、
自《みずか》らを決定《けってい》するのである。

……… 48

自分《じぶん》って変《か》えられるの?

感情《かんじょう》は人《ひと》のライフスタイルの真《しん》の表現《ひょうげん》であり、
ライフスタイルを変《か》える時《とき》にだけ根絶《こんぜつ》される……

……… 50

成長《せいちょう》のエネルギーって?

すべての人《ひと》を動機《どうき》づけ、われわれが
われわれの文化《ぶんか》へなすあらゆる貢献《こうけん》の
源泉《げんせん》は、優越性《ゆうえつせい》の追求《ついきゅう》である。

……… 52

自慢《じまん》したい・目立《めだ》ちたい!

……私《わたし》が教師《きょうし》ではしごを持《も》ってこさせて、それに登《のぼ》って、
黒板《こくばん》の上《うえ》にすわったと仮定《かてい》しよう。私《わたし》を見《み》る人《ひと》は誰《だれ》もが
おそらく「アドラー先生《せんせい》は気《き》が狂《くる》った」と思《おも》うだろう。

……… 54

理想通《りそうどお》りにいかないとき…

われわれは皆《みな》、ある程度《ていど》は、劣等感《れっとうかん》を持《も》っている。
向上《こうじょう》したいと思《おも》う状況《じょうきょう》にいるからである。

……… 56

第《だい》1部《ぶ》

ツアラトウストラ

ニーチェ

強《つよ》く生《い》きてみよう!

19世紀《せいき》のドイツ、
人々《ひとびと》が生《い》き方《かた》に迷《まよ》っていた時代《じだい》に
ニーチェは『ツァラトゥストラ』で、
たいせつなのは「自分《じぶん》がどう生《い》きるか」だと
主張《しゅちょう》し、ヨーロッパ中《じゅう》に衝撃《しょうげき》を与《あた》えたんだ。
きみも、ニーチェせんせいから、
自分《じぶん》の意志《いし》で強《つよ》く生《い》きることの
たいせつさを教《おし》えてもらおう！

『ツァラトゥストラ』ってどんな本《ほん》？

自分《じぶん》の意志《いし》によって力強《ちからづよ》く生《い》きようと主張《しゅちょう》した本《ほん》だよ

『ツァラトゥストラ』は、いまから130年《ねん》ぐらい前《まえ》、1883年《ねん》から85年《ねん》にかけてドイツで出版《しゅっぱん》された本《ほん》だよ。作者《さくしゃ》はフリードリヒ・ニーチェという哲学者《てつがくしゃ》。『ツァラトゥストラ』が教《おし》えてくれるのは、自分《じぶん》の意志《いし》によって力強《ちからづよ》く生《い》きること。この本《ほん》について、ニーチェは自伝《じでん》のなかで「かつて人類《じんるい》に贈《おく》られた贈《おく》り物《もの》のなかでの、最大《さいだい》の贈《おく》り物《もの》」と書《か》いているよ。これまでにない考《かんが》え方《かた》を書《か》いたという、すごい自信《じしん》があったんだね。

でも刊行《かんこう》された当時《とうじ》は売《う》れなかったよ。全部《ぜんぶ》で4部《ぶ》にわかれて出版《しゅっぱん》されたけれど、最後《さいご》の第《だい》4部《ぶ》は、40冊《さつ》だけを印刷《いんさつ》して友人《ゆうじん》に配《くば》ったといわれているほどなんだ。

主人公《しゅじんこう》が山《やま》から下《お》りてきて自分《じぶん》の考《かんが》え方《かた》を語《かた》るんだ

『ツァラトゥストラ』のドイツ語《ご》の題名《だいめい》を、そのまま日本語《にほんご》に訳《やく》すと、「ツァラトゥストラはこういった」となるよ。ツァラトゥストラとは、この本《ほん》の主人公《しゅじんこう》の名前《なまえ》。この本《ほん》は、山奥《やまおく》に10年間《ねんかん》もこもった主人公《しゅじんこう》が山《やま》から下《お》りてきて、出会《であ》った人々《ひとびと》に自分《じぶん》の考《かんが》えを語《かた》るという物語《ものがたり》になっているんだ。

物語《ものがたり》のなかでツァラトゥストラは、宗教《しゅうきょう》や伝《でん》統《とう》に頼《たよ》らず、自分《じぶん》の意志《いし》を信《しん》じて生《い》きようと語《かた》っているよ。ヨーロッパではむかしから、宗教《しゅうきょう》や伝《でん》統《とう》によって、よいとされてきた生《い》き方《かた》や考《かんが》え方《かた》があった。これに疑問《ぎもん》をもっていたニーチェは、主《しゅ》人公《じんこう》のことばを通《とお》して自分《じぶん》の考《かんが》えを語《かた》ったんだ。

Also sprach Zarathustra
Friedrich Nietzsche

名著《めいちょ》ものがたり2

『ニーチェ』ってどんな人《ひと》？

成績優秀《せいせきゆうしゅう》な生徒《せいと》で音楽《おんがく》が大好《だいす》きだったよ

ニーチェは1844年《ねん》、いまのドイツ東部《とうぶ》にあったザクセン王国《おうこく》のレッケンという小《ちい》さな村《むら》で生《う》まれたよ。父親《ちちおや》は牧師《ぼくし》だったけど、ニーチェが5歳《さい》のときに亡《な》くなったんだ。

こどものころから成績抜群《せいせきばつぐん》だったニーチェは、14歳《さい》になると、特待生《とくたいせい》としてドイツ指折《ゆびお》りの名門校《めいもんこう》であるプフォルタ学院《がくいん》に入学《にゅうがく》し、6年間学《ねんかんまな》んだよ。勉強《べんきょう》だけでなくピアノも得意《とくい》で、友《とも》だちと文学《ぶんがく》や音楽《おんがく》をたのしむサークルをつくっていた。その後《ご》、大学《だいがく》に進《すす》み、ライプツィヒ大学《だいがく》を卒業《そつぎょう》したよ。

音楽《おんがく》の趣味《しゅみ》はおとなになっても続《つづ》いたんだ。ピアノや作曲《さっきょく》をたのしみ、有名《ゆうめい》な作曲家《さっきょくか》のワーグナーと親《した》しくしていたこともあったよ。

ようやく理解《りかい》されたのは死《し》の前《まえ》、人生《じんせい》の後半《こうはん》は孤独《こどく》だったんだ

大学《だいがく》を卒業《そつぎょう》したニーチェは、わずか25歳《さい》でスイスの大学《だいがく》の教授《きょうじゅ》になり、古代《こだい》ギリシアやローマの文献《ぶんけん》を研究《けんきゅう》したよ。そして『悲劇《ひげき》の誕生《たんじょう》』という本《ほん》を書《か》いたんだ。でも、これまでの研究方法《けんきゅうほうほう》とちがって作者《さくしゃ》の考《かんが》えを大胆《だいたん》に語《かた》ったものだったため、ほかの学者《がくしゃ》たちから反発《はんぱつ》されてしまう。さらに健康《けんこう》も損《そこ》ねたため、大学《だいがく》を辞《や》めることになったんだ。

大学《だいがく》を辞《や》めたニーチェはいろいろな本《ほん》を書《か》いた。でもほとんど売《う》れず、１９００年《ねん》に55歳《さい》で亡《な》くなってしまったよ。ニーチェの考《かんが》えが高《たか》く評価《ひょうか》されるようになったのは、死《し》の10年《ねん》ほど前《まえ》、病気《びょうき》が悪化《あっか》し、ふつうに生活《せいかつ》ができない状態《じょうたい》になってからだったんだ。

『ニーチェ』が生《い》きた時代《じだい》

伝統的《でんとうてき》な価値観《かちかん》に疑問《ぎもん》をもつ人《ひと》が出《で》てきたよ

1871年《ねん》、ニーチェが27歳《さい》のころ、いろいろな国《くに》にわかれていたドイツが統一《とういつ》され、ドイツ帝国《ていこく》という1つの国《くに》になったよ。イギリスやフランスとならぶ近代国家《きんだいこっか》になったドイツは、経済《けいざい》が発展《はってん》し、次第《しだい》に豊《ゆた》かになっていったんだ。

またこの時期《じき》、本《ほん》を読《よ》む人《ひと》がふえて、人々《ひとびと》はさまざまな考《かんが》え方《かた》にふれるようになったよ。そのため、これまで信《しん》じられてきたキリスト教《きょう》に疑問《ぎもん》をもつ人《ひと》もふえたんだ。

ニーチェもその1人《ひとり》だったよ。ニーチェは、キリスト教《きょう》の牧師《ぼくし》の息子《むすこ》として生《う》まれたけれど、宗教《しゅうきょう》や時代《じだい》がどうであろうと、問題《もんだい》は「自分《じぶん》がどう生《い》きるか」だと考《かんが》えたんだ。

時代《じだい》がどう変《か》わろうとも自分《じぶん》がどう生《い》きるかが問題《もんだい》なんだ

ドイツは豊《ゆた》かになったけれど国内《こくない》に問題《もんだい》をかかえていたんだ

ドイツが統一《とういつ》され、国《くに》は豊《ゆた》かになった。けれども、次第《しだい》にその豊《ゆた》かさは、企業《きぎょう》を経営《けいえい》する金《かね》もちや、むかしから土地《とち》をもっていた貴《き》族《ぞく》などに集《あつ》まるようになったんだ。

いっぽうで、ふつうの労働者《ろうどうしゃ》たちの生活《せいかつ》は苦《くる》しくなっていった。労働者《ろうどうしゃ》のために社会《しゃかい》をよくしようとする社会主義思想《しゃかいしゅぎしそう》が生《う》まれると、その考《かんが》えは、貧《まず》しい労働者《ろうどうしゃ》たちのこころをとらえるようになったよ。労働者《ろうどうしゃ》が団結《だんけつ》して行動《こうどう》するようになると、国《くに》はその活動《かつどう》をおさえるための法律《ほうりつ》をつくったため、警察《けいさつ》や軍《ぐん》隊《たい》が労働者《ろうどうしゃ》と衝突《しょうとつ》することもあったんだ。ドイツは強《つよ》い国《くに》になったけれど、国内《こくない》に大《おお》きな問題《もんだい》をかかえていたんだね。

つぎのページからことばの紹介《しょうかい》がはじまるよ。

自分《じぶん》の最大《さいだい》の味方《みかた》は自分《じぶん》。もっと自分《じぶん》のことを好《す》きになろう。

人《ひと》はおのれみずからを愛《あい》することを
学《まな》ばなければならない、……

自分《じぶん》を好《す》きになって 自分《じぶん》を応援《おうえん》しよう！

人間《にんげん》の生《い》き方《かた》について、真剣《しんけん》に考《かんが》えたニーチェせんせい。そんなニーチェせんせいは、自分《じぶん》を好《す》きであることがたいせつだといっているよ。どういうことだろう。

自分《じぶん》らしく生《い》きるためには、「自分《じぶん》はこうしたい」「こうなりたい」という意志《いし》が必要《ひつよう》だよ。でも、その意志《いし》をもち続《つづ》けるのはむずかしいこと。ニーチェせんせいは、「自《じ》分《ぶん》を好《す》きだったら、自分《じぶん》の意志《いし》をもち続《つづ》け、それにもとづいて行動《こうどう》することができる」と考《かんが》えていたんだ。

どんなに仲《なか》のよい友《とも》だちでも、ずっときみの側《そば》にいて、きみを助《たす》けることはできないよね。でも、もし自分《じぶん》を好《す》きになれれば、自分《じぶん》の1番《ばん》の味方《みかた》がいつも側《そば》にいるのと同《おな》じことになるんだ。つらいことがあっても負《ま》けないで、がんばって成長《せいちょう》していくことができるよ。

自分《じぶん》を好《す》きになって、自信《じしん》をもって、自分《じぶん》の意志《いし》にもとづいて行動《こうどう》しよう！　そうすれば、ほんとうに自分《じぶん》らしい生《い》き方《かた》ができるんだ。

こんなことが起《お》きるなんて！

思《おも》いがけない
出来事《できごと》こそが、
成長《せいちょう》のきっかけ。
逃《に》げてはいけないよ。

偶然《ぐうぜん》がわたしのところへ
来《く》るのを妨《さまた》げるな。

強《つよ》いこころで受《う》け止《と》めよう！

毎日《まいにち》の生活《せいかつ》のなかで、自分《じぶん》でも思《おも》いがけない出来事《できごと》と出会《であ》うことってあるよね。うれしいこと、悲《かな》しいこと、切《せつ》ないこと、きっといろいろあるはず。このことばは、きみが考《かんが》えもしなかったような困《こま》ったことが起《お》きたとき、どう向《む》き合《あ》っていけばいいかを教《おし》えてくれるよ。

ニーチェせんせいは、「思《おも》いがけない出来事《できごと》から、けっして逃《に》げるべきではない」と考《かんが》えていたよ。その理由《りゆう》は、思《おも》いがけない出来事《できごと》が人《ひと》を成長《せいちょう》させるチャンスになるから。仲《なか》がよかった友《とも》だちに嫌《きら》われてしまった。確実《かくじつ》だったはずの試験《しけん》に落《お》ちてしまった……。そんなことがあると、「どうすればいいかわからない」なんて気《き》もちになるのは仕方《しかた》がない。でも、「そう来《き》たか。ならば、こうしよう！」という気《き》もちで問題《もんだい》に取《と》り組《く》んだほうが、きみは強《つよ》くなれるはずだよ。

思《おも》いがけないことが起《お》きたときこそ、レベルアップのチャンス！　それは、きみが試《ため》されているときなんだ。

ほんとうの友《とも》だちって？

競《きそ》い合《あ》い、
高《たか》め合《あ》えるのが友《とも》だち。
仲《なか》がいいだけでは
もの足《た》りない。

おのれの友《とも》のうちに、
おのれの最善《さいぜん》の敵《てき》をもつべきである。

なかなかやるな
ビュン
ビュン
お前《まえ》もな
ビュン
ビュン
ビュン
ビュン
ビュン
ビュン

成長《せいちょう》し合《あ》えるのが、ほんとうの友《とも》だち！

このことばは、ニーチェせんせいが友《とも》だちについて、どう考《かんが》えていたかを教《おし》えてくれるよ。友《とも》だちというのは、ただ仲《なか》のよい相手《あいて》ばかりではいけない。友《とも》だちのなかに、自分《じぶん》にとって「最善《さいぜん》の敵《てき》」をつくるべきだと、ニーチェせんせいはいっているんだ。

友《とも》だちなのに「敵《てき》」だなんて、ふしぎな感《かん》じがするかもしれないね。でも、この「敵《てき》」は、きみを攻撃《こうげき》するような「敵《てき》」ではないよ。それは、きみのライバルという意味《いみ》。ほんとうの友《とも》だちとは、お互《たが》いをきたえ合《あ》い、成《せい》長《ちょう》させるものだと、ニーチェせんせいは考《かんが》えたんだ。

甘《あま》え合《あ》える友《とも》だちと、一緒《いっしょ》にいるのは心地《ここち》よいもの。でも「めんどうくさいね」「だるいよね」なんていい合《あ》っているだけでは、成長《せいちょう》することができないよ。

「負《ま》けないぞ」「こちらこそ」とお互《たが》いを高《たか》め合《あ》える、そんな相手《あいて》が友《とも》だちのなかにいたら、きみはもっと成長《せいちょう》できるんだ。

自分《じぶん》を向上《こうじょう》させたい！

こころの奥《おく》にある「向上《こうじょう》したい！」という気《き》もちに目《め》を向《む》けよう。

およそ生《せい》があるところにだけ、意志《いし》もある。

こころの奥《おく》の力《ちから》がエネルギー！

　高《たか》い目標《もくひょう》に挑戦《ちょうせん》しなければならないのに力《ちから》がでない。弱気《よわき》になってはじめからあきらめてしまいそうだ。そんなとき、このことばは、きみをはげましてくれるよ。

　ニーチェせんせいは、「命《いのち》のあるところには、必《かなら》ず意志《し》がある」といっている。それはどんな生《い》きものにも、生《い》きようとする力《ちから》があるということ。ニーチェせんせいは、その力《ちから》はとても強《つよ》いものだと考《かんが》えていたんだ。

　アスファルトのすき間《ま》に生《は》えた雑草《ざっそう》は、どんなにきびしい環境《かんきょう》でも必死《ひっし》で生《い》き延《の》びようとしている。それは、どんな生《い》きものにもある意志《いし》のはたらきなんだ。さらに人間《にんげん》は、ただ生《い》きるだけではなく、「やるぞ」と自分《じぶん》をふるい立《た》たせることもできる強《つよ》い存在《そんざい》。だから、はじめからあきらめるなんて、とてももったいないよ。

　自分《じぶん》の弱《よわ》さに負《ま》けそうなとき、もっと自分《じぶん》を成長《せいちょう》させたいとき、こころの奥《おく》にある強《つよ》い力《ちから》を信《しん》じて、きみのエネルギーにしていこう！

毎日《まいにち》をたのしくするには?

小《ちい》さなことでも、自分《じぶん》でつくり出《だ》す
たのしさを
知《し》っている人《ひと》は、
とても幸《しあわ》せだよ。

新《あたら》しい価値《かち》の創造者《そうぞうしゃ》を中心《ちゅうしん》として、
世界《せかい》は――目《め》に見《み》えず――めぐる。

新《あたら》しく生《う》み出《だ》すことがたいせつ！

学校《がっこう》に行《い》って、友《とも》だちと遊《あそ》んで、ご飯《はん》を食《た》べて、寝《ね》て起《お》きて……。毎日同《まいにちおな》じことのくり返《かえ》しで、なんだかつまらない！　もしきみが、そんなふうに感《かん》じることがあったら、このことばを思《おも》い出《だ》してほしい。

人《ひと》はだれでも、決《き》まったことばかりやっていると、退《たい》屈《くつ》してしまうもの。新《あたら》しいことがない毎日《まいにち》は、刺激《しげき》がないからおもしろくないよね。でも、ニーチェせんせいは、「自分《じぶん》で創造《そうぞう》するたのしさを知《し》れば、毎日《まいにち》が変《か》わる」といっているよ。創造《そうぞう》というのは、自分《じぶん》で新《あたら》しくなにかをつくり出《だ》すこと。勉強《べんきょう》なら、だれよりもわかりやすいノートをつくってみる。友《とも》だちとの関係《かんけい》なら、すすんで新《あたら》しい人《ひと》に声《こえ》をかけてみる。どんなに小《ちい》さいことでもいいから、チャレンジしてみよう。

よく見《み》れば、創造《そうぞう》のヒントはきみの近《ちか》くにかくれているよ。創造《そうぞう》する喜《よろこ》びは、きみに新鮮《しんせん》な気《き》もちを与《あた》えてくれる。毎日《まいにち》をたのしくするのは、きみ自身《じしん》なんだ。

もっと知《し》りたい!!

ニーチェの意外《いがい》な素顔《すがお》

ほんとうになりたかったのは、じつは音楽家《おんがくか》だった？

牧師《ぼくし》であったニーチェの父親《ちちおや》は、ピアノがじょうずだったと伝《つた》えられているよ。そのせいかニーチェもとても音楽《おんがく》が好《す》きだったんだ。プフォルタ学院《がくいん》でつくったサークルでは、作曲《さっきょく》した曲《きょく》を仲間《なかま》と発表《はっぴょう》し合《あ》うということもやっているよ。

ニーチェは自伝《じでん》のなかでこのころのことをふりかえり、「ほんとうは音楽家《おんがくか》になりたかった。けれど学院生活《がくいんせいかつ》の終《お》わりごろ、自分《じぶん》の才能《さいのう》に限界《げんかい》を感《かん》じた」と書《か》いているんだ。

大学教授《だいがくきょうじゅ》になったとき、下宿《げしゅく》の部屋《へや》にはお金《かね》を出《だ》してレンタルしたピアノが置《お》いてあったといわれているよ。やはりほんとうは音楽家《おんがくか》になりたかったのかもしれないね。

音楽《おんがく》を
やっていたほうが
よかったかも…
本《ほん》、全然《ぜんぜん》
売《う》れないし…

女性《じょせい》に囲《かこ》まれて育《そだ》った少年時代《しょうねんじだい》のニーチェ

写真《しゃしん》のなかのニーチェは、いつも大《おお》きなひげを生《は》やした、気難《きむずか》しそうな顔《かお》をしているよ。その姿《すがた》は、たのしいことにまったく興味《きょうみ》がなかった人《ひと》に思《おも》えるほど。でも意外《いがい》なことに、実際《じっさい》のニーチェは、おしゃれが好《す》きだったといわれているんだ。大学教授《だいがくきょうじゅ》になったころ、下宿《げしゅく》の部屋《へや》にあったピアノのうえには花《はな》が飾《かざ》られ、集《あつ》まりに出《で》るときはいつも着飾《きかざ》っていたらしいよ。

こうしたニーチェのおしゃれ好《ず》きは、少年時代《しょうねんじだい》の生活《せいかつ》が影響《えいきょう》したのかもしれない。ニーチェは5歳《さい》で父親《ちちおや》を亡《な》くした後《あと》、ナウムブルクという都市《とし》に移《うつ》ったよ。そこで、母親《ははおや》と祖母《そぼ》、2人《ふたり》の伯母《おば》、自分《じぶん》と妹《いもうと》、そして手伝《てつだ》いの女性《じょせい》と、女性《じょせい》ばかりに囲《かこ》まれて少年時代《しょうねんじだい》を過《す》ごしたんだ。

失敗《しっぱい》しちゃった…

失敗《しっぱい》はただの失敗《しっぱい》。自分《じぶん》のすべてが失敗《しっぱい》したわけじゃないよ。

……あなたがたが大《おお》きなことをやりそこなったにしても、だからといって、あなたがた自身《じしん》ができそこないだろうか。

1つの失敗《しっぱい》で、すべてをあきらめないで！

　なにか大《おお》きな失敗《しっぱい》をしたときって、すごく落《お》ち込《こ》んでしまうよね。そのうえ、まわりから責《せ》められたら、もうどうしようもない気《き》もちになってしまうんじゃないかな？　そんなときはどう考《かんが》えたらいいか、ニーチェせんせいに聞《き》いてみよう。

　失敗《しっぱい》はただの失敗《しっぱい》。それは、行動《こうどう》した結果《けっか》で、きみ自《じ》身《しん》の価値《かち》とはべつのものだと、ニーチェせんせいはいっているよ。つまり、失敗《しっぱい》したからといって、きみという人間《にんげん》そのものがダメになってしまったわけではないんだ。だれだって失敗《しっぱい》することはある。学校《がっこう》の先生《せんせい》や親《おや》だってそうだよ。人《ひと》は何度《なんど》も失敗《しっぱい》をくり返《かえ》しながら、それでも前《まえ》に進《すす》み、少《すこ》しずつ成長《せいちょう》していくものなんだ。

　どんなときでも、「自分《じぶん》なんてダメだ……」なんて思《おも》っちゃいけない。失敗《しっぱい》したら、反省《はんせい》する。そして、自《じ》分《ぶん》を信《しん》じてまた前《まえ》を向《む》こう。それさえできれば、だいじょうぶ！　どんな経験《けいけん》だって、きみの力《ちから》になるよ。

人《ひと》から悪口《わるぐち》をいわれたら…

つまらない相手《あいて》に反論《はんろん》するのは、エネルギーの無《む》駄《だ》使《づか》い。

のがれよ、わたしの友《とも》よ、
君《きみ》の孤独《こどく》のなかへ。

孤独《こどく》を力《ちから》に変《か》えよう！

悪《わる》いうわさを立《た》てられるのは、だれだっていやなもの。とくに理由《りゆう》がないうわさが広《ひろ》まっていたら、1人《ひとり》ずつをつかまえてでも反論《はんろん》したくなるよね。でもニーチェせんせいがすすめるやり方《かた》は、ちがうみたいだよ。

つまらない相手《あいて》とのやりとりは、エネルギーや時間《じかん》の無駄《むだ》。そんなことより、自分《じぶん》で「孤独《こどく》」になることを選《えら》びなさいと、ニーチェせんせいはいっているよ。「孤独《こどく》」なんて聞《き》くと、さみしいイメージが浮《う》かぶかもしれないね。でも、「孤独《こどく》」な時間《じかん》は、使《つか》い方《かた》によってはきみの味方《みかた》になる頼《たの》もしいもの。だれにも邪魔《じゃま》されずに読書《どくしょ》に取《と》り組《く》んで知識《ちしき》をふやしたり、トレーニングに打《う》ち込《こ》んで技《わざ》を磨《みが》いたりすることだってできるんだ。

きみのエネルギーや時間《じかん》はとてもたいせつなもの。無駄使《むだづか》いはせずに、自分《じぶん》の成長《せいちょう》のために使《つか》うように心《こころ》がけよう。「孤独《こどく》」のなかから、みんなのなかに戻《もど》ったとき、きみは前《まえ》よりも成長《せいちょう》しているはずだよ。

悩《なや》んでいる自分《じぶん》を笑《わら》おう！そこから、新《あたら》しい自分《じぶん》がはじまるよ。

……あなたがた自身《じしん》を乗《の》り超《こ》えて哄笑《こうしょう》することを学《まな》べ。

笑《わら》ったほうが前《まえ》を向《む》ける！

ニーチェせんせいのことばは、悩《なや》みと向《む》き合《あ》う方《ほう》法《ほう》を教《おし》えてくれるよ。悩《なや》んでいるときでも思《おも》い切《き》って笑《わら》う。これが、ニーチェせんせいがすすめる悩《なや》みとの向《む》き合《あ》い方《かた》だよ。

もしかしたらきみは、「悩《なや》んでいるときに笑《わら》うことなんてできない」って思《おも》うかもしれないね。でも、それは最初《さいしょ》から悩《なや》んでいる自分《じぶん》に負《ま》けてしまっているという証《しょう》拠《こ》だよ。ニーチェせんせいは、「悩《なや》みを乗《の》りこえるために積極的《せっきょくてき》に笑《わら》ってみよう」といっているんだ。その「笑《わら》い」は、とても立派《りっぱ》な、勇気《ゆうき》ある行為《こうい》だよ。

むずかしい顔《かお》をしていても、悩《なや》みは解決《かいけつ》しない。それなら、いっそのこと笑《わら》ってみよう。気《き》もちが明《あか》るく、軽《かろ》やかになるだけでも得《とく》をするよ。気分《きぶん》が軽《かる》くなれば、悩《なや》みが解決《かいけつ》に向《む》かう可能性《かのうせい》だって出《で》てくるんだ。

笑《わら》いは、こころの健康《けんこう》を保《たも》つのに欠《か》かせないもの。笑《わら》うことを忘《わす》れないようにしよう！

成長《せいちょう》できる人《ひと》とは？

地味《じみ》な努力《どりょく》をしてこそ、夢《ゆめ》を実現《じつげん》できるよ。

最初《さいしょ》から飛《と》ぶばかりでは、空高《そらたか》く飛《と》ぶ力《ちから》は獲得《かくとく》されない。

服《ふく》をつくる人《ひと》になりたいな
…ってことはこのぞうきんづくりもあなどれないわ!!
ファイト

準備《じゅんび》しなくちゃ飛《と》べないよ！

きみには、かなえたい夢《ゆめ》があるかな。もしあるなら、きっとこのことばが役《やく》に立《た》つよ。ニーチェせんせいは、空《そら》を高《たか》く飛《と》ぼうと思《おも》うなら、それだけの準備《じゅんび》と努力《どりょく》が必《ひつ》要《よう》だといっているよ。それがなければ飛《と》べたとしても、高《たか》く飛《と》び続《つづ》けることはできないというんだ。

チャレンジする価値《かち》のあるものほど、すぐにはできないもの。実現《じつげん》させたい夢《ゆめ》があるなら、こつこつと地味《じみ》な努力《どりょく》を積《つ》み重《かさ》ねることが必要《ひつよう》だよ。跳《と》び箱《ばこ》だって、いきなり高《たか》い段《だん》を跳《と》ぶのはむずかしいし、危《あぶ》ないよね。簡単《かんたん》に跳《と》べる低《ひく》い段《だん》から、少《すこ》しずつ高《たか》くしていくことで、新《しん》記録《きろく》が達成《たっせい》できるものなんだ。

注意《ちゅうい》してほしいのは、準備《じゅんび》や努力《どりょく》をしても、すぐに夢《ゆめ》の実現《じつげん》に結《むす》びつくとはかぎらないこと。思《おも》ったより時間《じかん》がかかっても、グッとがまんして、自分《じぶん》を信《しん》じて努力《どりょく》を続《つづ》けよう。準備《じゅんび》や努力《どりょく》をして、待《ま》つことに耐《た》えられる。そんなきみなら、夢《ゆめ》を実現《じつげん》できるんだ。

強《つよ》い生《い》き方《かた》って？

いいことだって
わるいことだって
自分《じぶん》の人生《じんせい》。
まっすぐに
受《う》け止《と》めよう。

、、、これが——生《せい》だったのか……
よし！　それならもう一度《いちど》……

きみだけの人生《じんせい》を精一杯《せいいっぱい》おくろう！

きみは、「生《う》まれ変《か》わってべつの人生《じんせい》を生《い》きたい」と思《おも》ったことはあるかな。なにごとも思《おも》うようにいかないときや、取《と》り返《かえ》しのつかないことが起《お》きたとき、人《ひと》はよく、そんなふうに考《かんが》えるものなんだ。

でも、ニーチェせんせいの考《かんが》え方《かた》は、まったく逆《ぎゃく》だよ。「もし生《う》まれ変《か》われるとしても、まったく同《おな》じ人生《じんせい》をおくる勇気《ゆうき》をもとう」といっているんだ。いったい、どういう意味《いみ》なんだろう。これは、起《お》きたことから逃《に》げないで、強《つよ》い気《き》もちで受《う》け止《と》めようということ。たとえ自分《じぶん》にとってよくないことでも、負《ま》けずに「よし、来《く》るならもう一度来《いちどこ》い」という気《き》もちで受《う》け止《と》めよう。そうすればそれを乗《の》りこえて、新《あたら》しい気《き》もちでものごとに立《た》ち向《む》かうことができるからね。

人生《じんせい》には、よいこともわるいこともある。きみの人生《じんせい》は、ほかのだれも代《か》わることができないきみだけのもの。だから、きみの人生《じんせい》を精一杯《せいいっぱい》生《い》きればいいんだ！

もっと教《おし》えて!! ニーチェせんせい

ニーチェせんせいが『ツァラトゥストラ』で教《おし》えてくれるのは、自分《じぶん》の意志《いし》のたいせつさ。まわりがどう生《い》きているかではなくて、「自分《じぶん》がどう生《い》きるか」がだいじ。強《つよ》い意志《いし》で生《い》きるこころがまえを、もっとニーチェせんせいに聞《き》いてみよう！

自由《じゆう》ってどういうこと？

いやなことから逃《に》げていても、
けっして自由《じゆう》になれないよ。
目的《もくてき》をもって行動《こうどう》してこそ、
ほんとうに自由《じゆう》になれるよ。

君《きみ》の目《め》がわたしに明《あき》らかに告《つ》げねばならぬことは、「何《なに》を目《め》ざしての自由《じゆう》か」ということだ。

やってみたいけど…

実際《じっさい》にやってみないと
学《まな》べないものがある。
実力《じつりょく》をつけたかったら、
まず行動《こうどう》しよう。

行動者《こうどうしゃ》だけが学《まな》ぶことができるのだ。

不安《ふあん》とどうつきあう？

行動《こうどう》する人《ひと》に
不安《ふあん》があるのは
あたりまえ。
それを感《かん》じて進《すす》むのが、
ほんとうの勇気《ゆうき》。

豪胆《ごうたん》なのは、恐怖《きょうふ》を知《し》りながら、恐怖《きょうふ》を圧服《あっぷく》する者《もの》だ。

あの人《ひと》みたいに
なりたい！

お手本《てほん》を
真似《まね》するだけでは
足《た》りないよ。
こえることを
目指《めざ》してみよう。

いつまでもただ弟子《でし》でいるのは、
師《し》に報《むく》いる道《みち》ではない。
なぜ君《きみ》たちはわたしの花冠《かかん》を
むしり取《と》ろうとしないのか。

なかなか
目標《もくひょう》に近《ちか》づけない…

いまいる場所《ばしょ》は、
目標《もくひょう》に向《む》かう道《みち》の途中《とちゅう》。
迷《まよ》ったときはそう思《おも》って、
足元《あしもと》を見《み》つめて歩《あゆ》もう。

よい事柄《ことがら》はすべて、曲線《きょくせん》を描《えが》いて、
おのれの目的《もくてき》に近《ちか》づく。

自分《じぶん》の進《すす》むべき
道《みち》がわからない…

自分《じぶん》の道《みち》は
自分《じぶん》で決《き》めること。
進《すす》むべき道《みち》は、
だれも教《おし》えてくれないよ。

さてこれが――わたしの道《みち》だ――
君《きみ》らの道《みち》はどこにある？

＊この本《ほん》で紹介《しょうかい》している訳文《やくぶん》は、『ツァラトゥストラ』（ニーチェ、手塚富雄《てづかとみお》訳《やく》、中公文庫《ちゅうこうぶんこ》）を参照《さんしょう》しました。

第《だい》2部《ぶ》

人生《じんせい》の意味《いみ》の心理学《しんりがく》 アドラー

人生《じんせい》にチャレンジ！

20世紀《せいき》のはじめ、
医師《いし》・心理学者《しんりがくしゃ》として活躍《かつやく》したアドラー。
その体験《たいけん》を通《つう》じて、どうすれば人《ひと》は
幸福《こうふく》な人生《じんせい》を歩《あゆ》めるかを考《かんが》え、
『人生《じんせい》の意味《いみ》の心理学《しんりがく》』にまとめたよ。
きみもアドラーせんせいから、
自分《じぶん》とまわりの人々《ひとびと》の
幸福《こうふく》につながる生《い》き方《かた》を学《まな》んでみよう！

『人生《じんせい》の意味《いみ》の心理学《しんりがく》』ってどんな本《ほん》？

幸福《こうふく》な生《い》き方《かた》について心理学《しんりがく》の立場《たちば》から書《か》いた本《ほん》だよ

『人生《じんせい》の意味《いみ》の心理学《しんりがく》』は、いまから90年《ねん》ぐらい前《まえ》、1932年《ねん》にアメリカで出版《しゅっぱん》された本《ほん》だよ。作者《さくしゃ》のアルフレッド・アドラーは、オーストリアに生《う》まれ、国際的《こくさいてき》に活躍《かつやく》した心理学者《しんりがくしゃ》。この本《ほん》は、幸福《こうふく》な人生《じんせい》をおくるにはどんな考《かんが》え方《かた》や生《い》き方《かた》をしたらよいかについて書《か》かれているんだ。アドラーの考《かんが》え方《かた》は、いまでは「アドラー心理《しんり》学《がく》」と呼《よ》ばれているよ。

アドラーは講演《こうえん》をするときや本《ほん》を書《か》くときに、できるだけ多《おお》くの人《ひと》に理解《りかい》してもらえるように、あまり専門用語《せんもんようご》を使《つか》わないように心《こころ》がけていたよ。なかでも、この本《ほん》はとくに、ふつうの人《ひと》にもわかりやすく書《か》かれたものなんだ。

戦争《せんそう》をきっかけとして、平和《へいわ》に通《つう》じる生《い》き方《かた》を考《かんが》えたんだ

アドラーの心理学《しんりがく》で1番《ばん》だいじなのは、共同体《きょうどうたい》感覚《かんかく》という考《かんが》え方《かた》だよ。共同体感覚《きょうどうたいかんかく》とは「ほかの人《ひと》を自分《じぶん》の仲間《なかま》だと考《かんが》える」ということ。この感《かん》覚《かく》があるとき、人《ひと》は幸福《こうふく》に生《い》きられるとアドラーは考《かんが》えたんだ。『人生《じんせい》の意味《いみ》の心理学《しんりがく》』には共同《きょうどう》体感覚《たいかんかく》について、「われわれのまわりには他者《たしゃ》がいる。そしてわれわれは他者《たしゃ》とむすびついて生《い》きている」と書《か》かれているよ。

このように考《かんが》えたきっかけの1つは、軍《ぐん》の医師《いし》として第一次世界大戦《だいいちじせかいたいせん》に参加《さんか》した経験《けいけん》。戦争《せんそう》でたくさんの人《ひと》が犠牲《ぎせい》になっていることに苦《くる》しんだアドラーは、ほかの人《ひと》を敵《てき》ではなく仲間《なかま》だと思《おも》うことが、平和《へいわ》につながると強《つよ》く思《おも》ったんだね。

われわれは
他《た》者《しゃ》と
むすびついて
生《い》きているの
です
What Life Should Mean to You

『アドラー』ってどんな人《ひと》？

幼《おさな》いころは病気《びょうき》だったけれど、克服《こくふく》して医師《いし》になったよ

アルフレッド・アドラーは1870年《ねん》、オーストリアの首都《しゅと》ウィーンの近《ちか》くで、ユダヤ人《じん》の両親《りょうしん》のもとに生《う》まれたよ。幼《おさな》いころは、骨《ほね》が変形《へんけい》したり、筋肉《きんにく》がゆるんで手足《てあし》がぶらぶらしたりする、くる病《びょう》という病気《びょうき》にかかっていたんだ。でも、病気《びょうき》に負《ま》けず外《そと》でよく遊《あそ》ぶことで、克服《こくふく》することができたよ。

アドラーの3歳年下《さいとしした》の弟《おとうと》は、1歳《さい》のときにジフテリアという感染症《かんせんしょう》で亡《な》くなった。また自分《じぶん》も5歳《さい》のころに、肺炎《はいえん》で死《し》にそうになっているよ。それで医師《いし》を目指《めざ》すようになったんだ。希望通《きぼうどお》り医師《いし》となったアドラーは、内科医《ないかい》として、ウィーンの貧《まず》しい人々《ひとびと》が住《す》む地域《ちいき》に診療所《しんりょうじょ》を開《ひら》いたよ。

内科医《ないかい》から心理学者《しんりがくしゃ》になって国際的《こくさいてき》に活躍《かつやく》したんだ

アドラーは、内科医《ないかい》として診療所《しんりょうじょ》で患者《かんじゃ》を診察《しんさつ》するうちに、人間《にんげん》のこころの問題《もんだい》を扱《あつか》う学問《がくもん》に興味《きょうみ》をもつようになったよ。はじめは、こころの治療法《ちりょうほう》の1つである精神分析《せいしんぶんせき》をはじめたフロイトのグループに参加《さんか》。やがて考《かん》え方《かた》のちがいから、アドラーはグループを離《はな》れ、心理学者《しんりがくしゃ》としてヨーロッパやアメリカで国際的《こくさいてき》に活躍《かつやく》したんだ。

その後《ご》ドイツで、ナチスという政党《せいとう》（正式《せいしき》な名前《なまえ》は、国家社会主義《こっかしゃかいしゅぎ》ドイツ労働者党《ろうどうしゃとう》）が力《ちから》をもち、ユダヤ人《じん》を苦《くる》しめるようになると、隣国《りんごく》であるオーストリアも影響《えいきょう》を受《う》けたよ。ユダヤ人《じん》であるアドラーは、ナチスから逃《のが》れるためにアメリカに移住《いじゅう》。第二次世界大《だいにじせかいたい》戦《せん》がはじまる2年前《ねんまえ》の1937年《ねん》に、滞在《たいざい》先《さき》で67歳《さい》で亡《な》くなったんだ。

名著《めいちょ》ものがたり3

『アドラー』が生《い》きた時《じ》代《だい》

社会主義《しゃかいしゅぎ》の運動《うんどう》が盛《も》り上《あ》がっていたよ

アドラーが医師《いし》になったころのウィーンには、生活《せいかつ》が苦《くる》しい労働者《ろうどうしゃ》がおおぜいいたよ。貧《まず》しい人々《ひとびと》もたいせつにされる社会《しゃかい》をつくろうとする社会主義《しゃかいしゅぎ》の運動《うんどう》も盛《さか》んだったんだ。

そうした運動《うんどう》を応援《おうえん》していたアドラーのはじめての本《ほん》は、職人《しょくにん》の安全《あんぜん》や健康《けんこう》のためのパンフレットだったよ。貧《まず》しい患者《かんじゃ》からはお金《かね》をとらないこともあったんだ。

またそのころは、こどもをきびしい罰《ばつ》でおどかすような教育《きょういく》がふつうだったけれど、こどもを人間《にんげん》として尊重《そんちょう》しようとする人《ひと》もあらわれていたんだ。アドラーもその1人《ひとり》で、児童相談所《じどうそうだんじょ》を開《ひら》いて、こどもと教師《きょうし》の両方《りょうほう》の相談《そうだん》に応《おう》じたよ。

第一次世界大戦《だいいちじせかいたいせん》と ロシア革命《かくめい》が起《お》きた時代《じだい》だよ

20世紀《せいき》はじめは、世界《せかい》の歴史《れきし》のなかでも大《おお》きな変化《へんか》があった時期《じき》だよ。1914年《ねん》から1918年《ねん》にかけて第一次世界大戦《だいいちじせかいたいせん》が起《お》きた。そのあいだの1917年《ねん》にロシア革命《かくめい》が起《お》きて、労働者《ろうどうしゃ》のための社会主義国家《しゃかいしゅぎこっか》をうたったソビエト連邦《れんぽう》ができたよ。でもそこでは、実際《じっさい》には指導者《しどうしゃ》どうしの権力争《けんりょくあらそ》いで国民《こくみん》が苦《くる》しめられていたんだ。

アドラーは、労働者《ろうどうしゃ》をたいせつにする社会《しゃかい》主義《しゅぎ》に共感《きょうかん》していたよ。けれど、実際《じっさい》のソビエトの姿《すがた》にがっかりしてしまったんだ。その後《ご》アドラーは、政治《せいじ》ではなく心理学《しんりがく》を通《とお》して、1人《ひとり》ひとりのこころにはたらきかけ、よい世《よ》の中《なか》をつくろうと考《かんが》えるようになったよ。

つぎのページからことばの紹介《しょうかい》がはじまるよ。

人生《じんせい》で経験《けいけん》すること。その意味《いみ》を決《き》めるのは、自分自身《じぶんじしん》。

意味《いみ》は状況《じょうきょう》によって決定《けってい》されるのではない。われわれが状況《じょうきょう》に与《あた》える意味《いみ》によって、自《みずか》らを決定《けってい》するのである。

「失敗《しっぱい》」「成功《せいこう》」は自分《じぶん》の選択次第《せんたくしだい》！

人《ひと》は生《い》きていると、たくさんの経験《けいけん》をするよね。うれしいこと、悲《かな》しいこと、きっといろいろあるはず。そんな人生《じんせい》で経験《けいけん》するさまざまな出来事《できごと》とは、どうつき合《あ》っていけばいいんだろう。心理学者《しんりがくしゃ》として、人間《にんげん》の幸《しあわ》せについて考《かんが》え続《つづ》けたアドラーせんせいに聞《き》いてみよう。

アドラーせんせいは、「どんな出来事《できごと》でも、それはただの経験《けいけん》。そこにはよいもわるいもない」といっているよ。だいじな試験《しけん》に落《お》ちてしまったとき、「自分《じぶん》には才《さい》能《のう》がない」と落《お》ち込《こ》み、ダメになってしまう人《ひと》がいる。いっぽうで「もう一度《いちど》がんばろう！」と自分《じぶん》をふるい立《た》たせる人《ひと》もいるよ。同《おな》じ出来事《できごと》なのに、2人《ふたり》のその後《ご》は大《おお》きくちがってくる。経験《けいけん》したことがどんな意味《いみ》をもつかは、じつはその人自身《ひとじしん》が選《えら》んでいるんだね。

同《おな》じ経験《けいけん》を「失敗《しっぱい》」とするか、「成功《せいこう》のためのステップ」とするかは、自分《じぶん》で選《えら》べるよ。たいせつなのは、きみがどう生《い》きたいかってことなんだ。

自分《じぶん》って変《か》えられるの？

嫌《きら》いな自分《じぶん》を
つくったのは自分《じぶん》。
それなら自分《じぶん》で
変《か》えられる。

感情《かんじょう》は人《ひと》のライフスタイルの真《しん》の表現《ひょうげん》であり、
ライフスタイルを変《か》える時《とき》にだけ根絶《こんぜつ》される……

強《つよ》い意志《いし》と勇気《ゆうき》で、変《か》えられる！

きみは「自分《じぶん》の性格《せいかく》を変《か》えたい！」って思《おも》ったことがあるかな。そう思《おも》っても、自分《じぶん》を変《か》えるなんて無理《むり》な気《き》がするよね。でも、アドラーせんせいは、自分《じぶん》は変《か》えられるものだといっているよ。いったいなぜだろう？

アドラーせんせいは、「性格《せいかく》は、おぼえていないくらい幼《おさな》いころに、自分《じぶん》で選《えら》んだものだから、いくつになっても自分《じぶん》の意志《いし》で選《えら》びなおせる」と考《かんが》えていたよ。たとえば、きみが「人見知《ひとみし》り」な性格《せいかく》だとしたら、それはきみ自身《じしん》が選《えら》んだもの。「好《す》きで人見知《ひとみし》りになったわけじゃない！」ときみは思《おも》うかもしれないけれど、アドラーせんせいによれば、「人見知《ひとみし》り」を選《えら》ぶことで、苦手《にがて》な人《ひと》を遠《とお》ざけて、きずつくことをさけているんだ。

でも、もしきみがほんとうに、自分《じぶん》を変《か》えたいと思《おも》っているのなら、性格《せいかく》だって変《か》えることができる。幼《おさな》いころにきみ自身《じしん》が選《えら》んだものだからね。強《つよ》い意志《いし》をもって、理想《りそう》の自分《じぶん》を選《えら》びなおそう！

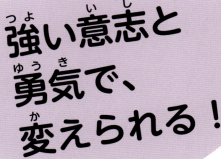

すべての人《ひと》を動《うご》かしている力《ちから》は「すぐれていたい」という思《おも》い。

すべての人《ひと》を動機《どうき》づけ、われわれがわれわれの文化《ぶんか》へなすあらゆる貢献《こうけん》の源泉《げんせん》は、優越性《ゆうえつせい》の追求《ついきゅう》である。

すぐれていたいという気《き》もちをもち続《つづ》けよう！

勉強《べんきょう》でもスポーツでも、「すぐれていたい！」って気《き》もち、きみももっているよね。アドラーせんせいは、だれでももっているこの気《き》もちを、とてもだいじなものだといっているよ。

「すぐれていたい」という気《き》もちは、自分《じぶん》を向上《こうじょう》させようとする人間《にんげん》の自然《しぜん》なこころのはたらき。ちがういい方《かた》だと、「もっとできるようになりたい」ってこと。この気《き》もちをだいじにすれば、勉強《べんきょう》だってスポーツだって、どんどんがんばることができるんだ。そして、もしきみが自分《じぶん》をほんとうに向上《こうじょう》させたいなら、「だれだれよりも、自分《じぶん》のほうがすぐれている！」なんて考《かんが》えてばかりではいけないよ。「もっとできるようになりたい」という気《き》もちは、自分《じぶん》の成長《せいちょう》のために使《つか》うものだからね。

どんなことでも、この気《き》もちをもち続《つづ》ければ、きみは将来《しょうらい》、みんなの役《やく》に立《た》つような活躍《かつやく》ができるところまで、成長《せいちょう》できるはずだよ。

自慢《じまん》したい・目立《めだ》ちたい!

すごそうに見《み》せかけても実力《じつりょく》がなければ、ただのかんちがい。だれも認《みと》めてくれないよ。

……私《わたし》が教師《きょうし》ではしごを持《も》ってこさせて、それに登《のぼ》って、黒板《こくばん》の上《うえ》にすわったと仮定《かてい》しよう。私《わたし》を見《み》る人《ひと》は誰《だれ》もがおそらく「アドラー先生《せんせい》は気《き》が狂《くる》った」と思《おも》うだろう。

見《み》かけより中身《なかみ》がだいじ！

すぐれた人《ひと》になろうとすることはだいじ。でも、アドラーせんせいがいうには、人《ひと》はすぐれた自分《じぶん》になろうとして、まちがった行動《こうどう》をすることがあるんだって。

　そのことをおもしろくあらわしたのが、このことばだよ。はしごに登《のぼ》って、高《たか》い位置《いち》から生徒《せいと》を見《み》おろしたからといって、先生《せんせい》が尊敬《そんけい》されるわけがないよね。でも、残念《ざんねん》なことに、人《ひと》はよくこれと同《おな》じような行動《こうどう》をしてしまうんだ。クラスで人気《にんき》のある友《とも》だちと一緒《いっしょ》にいることで、自分《じぶん》も人気者《にんきもの》になったような気分《きぶん》になって、まわりの友《とも》だちに、えらそうな態度《たいど》をとってしまう。油断《ゆだん》すると、そんなことってだれにでもあるんじゃないかな？　でも、それはその人自身《ひとじしん》の魅力《みりょく》で人気者《にんきもの》になったわけではないよね。人《ひと》は、自分《じぶん》がすぐれているとアピールするために、こんなまちがった行動《こうどう》をすることがあるんだ。

　すぐれた人《ひと》になる近道《ちかみち》なんかない。きちんと目標《もくひょう》を立《た》て、努力《どりょく》を続《つづ》ける人《ひと》が、すぐれた人《ひと》になれるよ。

理想通《りそうどお》りにいかないとき…

「理想《りそう》の自分《じぶん》」「現実《げんじつ》の自分《じぶん》」その差《さ》に落《お》ち込《こ》むのはよくなりたい気《き》もちがあるから。

われわれは皆《みな》、ある程度《ていど》は、劣等感《れっとうかん》を持《も》っている。向上《こうじょう》したいと思《おも》う状況《じょうきょう》にいるからである。

劣等感《れっとうかん》をバネにしよう！

きみはまわりの人《ひと》とくらべて、「自分《じぶん》はダメだなぁ」なんて感《かん》じて、落《お》ち込《こ》んだ経験《けいけん》はないかな？ そんな感《かん》覚《かく》のことを劣等感《れっとうかん》というけれど、それとどうつき合《あ》ったらいいかを、このことばは教《おし》えてくれているよ。

アドラーせんせいは、「劣等感《れっとうかん》はわるいことではない」といっているよ。なぜなら、もっとよくなりたいという気《き》もちがある証拠《しょうこ》だから。劣等感《れっとうかん》をなくそうとがんばることで、自分《じぶん》を成長《せいちょう》させることができるんだ。

もしきみが、算数《さんすう》が苦手《にがて》で劣等感《れっとうかん》を感《かん》じていたとしたら、目《め》をそむけずにその気《き》もちと向《む》き合《あ》ってみよう。簡単《かんたん》な問題《もんだい》から1つずつ取《と》り組《く》んで、自分《じぶん》がわかる範囲《はんい》や解《と》ける問題《もんだい》をふやしていけばいいんだ。

人《ひと》と話《はな》すのが苦手《にがて》、見《み》た目《め》に自信《じしん》がない……。劣等感《れっとうかん》の原因《げんいん》は人《ひと》それぞれ。でも、それは悩《なや》むものではなくて、きちんと向《む》き合《あ》えば自分《じぶん》のエネルギーになるものだよ。そうするかどうかはきみ次第《しだい》なんだ！

もっと知《し》りたい!!

人々《ひとびと》から学《まな》んだアドラー

軽業師《かるわざし》や大道芸人《だいどうげいにん》からヒントをもらったよ

アドラーがウィーンで開《ひら》いた診療所《しんりょうじょ》の近《ちか》くにあったのは、プラーターという大《おお》きな公園《こうえん》。そこにある遊園地《ゆうえんち》では、軽業師《かるわざし》や大道芸人《だいどうげいにん》がさまざまな芸《げい》や技《わざ》を見《み》せていたよ。ケガや病気《びょうき》をすると、彼《かれ》らもアドラーの診療所《しんりょうじょ》にやってきたんだ。

彼《かれ》らのなかには、こどものころから身体的《しんたいてき》なハンディキャップがある人《ひと》も少《すく》なくなかったよ。けれど、彼《かれ》らは努力《どりょく》をしてそれを克服《こくふく》し、自分《じぶん》に誇《ほこ》りをもっていたんだ。彼《かれ》らの姿《すがた》は、かつてアドラーがくる病《びょう》を克服《こくふく》した経験《けいけん》にも通《つう》じるものがあった。そこでアドラーは、苦《くる》しい経験《けいけん》があっても、こころのもち方《かた》は自分《じぶん》で選《えら》べると考《かんが》えるようになったんだ。

カフェで語《かた》り合《あ》うのが大好《だいす》きだったんだ

オーストリアの首都《しゅと》ウィーンは、コーヒーを飲《の》みながら語《かた》り合《あ》えるカフェがたくさんある街《まち》。アドラーがいたころのウィーンでは、毎晩《まいばん》のように人々《ひとびと》がカフェに集《あつ》まっていたよ。芸術家《げいじゅつか》や学者《がくしゃ》やふつうの人々《ひとびと》が一緒《いっしょ》に会話《かいわ》や議論《ぎろん》を交《か》わして、お互《たが》いに刺激《しげき》し合《あ》っていたんだ。

アドラーも、医学生《いがくせい》のころから、大学《だいがく》の授業《じゅぎょう》だけでなく、カフェで友人《ゆうじん》と過《す》ごす時《じ》間《かん》をたいせつにしていたよ。アドラーの息《むす》子《こ》は、「父《ちち》は、昼間《ひるま》は患者《かんじゃ》を診療《しんりょう》し、夜《よる》はカフェで友人《ゆうじん》と語《かた》り合《あ》っていた」と思《おも》い出《で》を語《かた》っている。そんなアドラーのカフェ好《ず》きは有名《ゆうめい》で、毎晩《まいばん》のように通《かよ》っていたカフェでは、12時前《じまえ》にアドラーが帰《かえ》るのを見《み》た人《ひと》はいないといわれていたんだ。

友《とも》だちとうまくいかない…

人間関係《にんげんかんけい》の悩《なや》みは、まわりの人《ひと》とつながっているからこそ。人《ひと》とつき合《あ》うことでしか解決《かいけつ》しないよ。

結局《けっきょく》のところ、われわれには、対人関係《たいじんかんけい》の問題《もんだい》以外《いがい》の問題《もんだい》はないように見《み》える。そして、これらの問題《もんだい》は、われわれが他者《たしゃ》に関心《かんしん》を持《も》っている時《とき》にだけ、解決《かいけつ》できるのである。

人間関係《にんげんかんけい》の悩《なや》みはあたりまえ！

まわりの人《ひと》と理解《りかい》し合《あ》うのは、とてもむずかしいことだよね。うまく理解《りかい》し合《あ》えなくて、「もう1人《ひとり》になりたい」なんて気《き》もちになることもあるかもしれない。

でも、アドラーせんせいは、「人間関係《にんげんかんけい》で生《う》まれる問《もん》題《だい》は、人《ひと》とつき合《あ》って解決《かいけつ》するしかない」といっているよ。相手《あいて》と積極的《せっきょくてき》につき合《あ》いを深《ふか》めて、その人《ひと》とのちがいを理解《りかい》することで解決《かいけつ》していくべきだと考《かんが》えたんだ。

同《おな》じケーキでも「おいしい！」という人《ひと》もいれば、「それほどおいしくない」という人《ひと》もいる。自分《じぶん》とまったく同《おな》じ意見《いけん》の人《ひと》は世界中《せかいじゅう》のどこを探《さが》してもいないよ。だから、相手《あいて》の意見《いけん》をよく聞《き》いたり、自分《じぶん》の意見《いけん》を伝《つた》えたりしなければ、理解《りかい》し合《あ》うことはできないんだ。

人間関係《にんげんかんけい》の悩《なや》みがあるのはあたりまえ。それは、きみが1人《ひとり》きりではなく、ほかの人《ひと》とつながって生《い》きているという証拠《しょうこ》だよ。そう思《おも》えば、気楽《きらく》に相手《あいて》と話《はな》し合《あ》って、理解《りかい》し合《あ》う道《みち》を探《さが》せるんだ。

よい人間関係《にんげんかんけい》をつくるコツは？

他人《たにん》は自分《じぶん》の
思《おも》い通《どお》りにはならない。
そう考《かんが》えれば
できることが
自然《しぜん》と見《み》えてくるよ。

……雨《あめ》と闘《たたか》ったり、
負《ま》かそうとしても無駄《むだ》だ。

楽《らく》だね〜
うん
うるさいけど
まあいいか
運《はこ》んであげよう
たのしそうだし

自分《じぶん》と他人《たにん》は べつの個性《こせい》！

人《ひと》が幸《しあわ》せに生《い》きるには、まわりの人《ひと》たちとの関係《かんけい》がたいせつだといっているアドラーせんせい。このことばは、わかりやすいたとえで、よい人間関係《にんげんかんけい》をつくるためのヒントを教《おし》えてくれるよ。

アドラーせんせいは、まわりの人《ひと》に対《たい》して、「ああしなければいけない」「こうすべきだ」という思《おも》いは、もたないほうがよいと考《かんが》えていたよ。そんな気《き》もちは、「雨《あめ》と闘《たたか》う」ようなものだといっているんだ。これは、いくらがんばっても、雨《あめ》が降《ふ》るのを止《と》められないように、まわりの人《ひと》を変《か》えようとがんばっても、変《か》えることは不可能《ふかのう》だという意味《いみ》だよ。

相手《あいて》の行動《こうどう》や態度《たいど》を、自分《じぶん》がよいと思《おも》えなくても、それは相手《あいて》の個性《こせい》。まず相手《あいて》の個性《こせい》を認《みと》めることがたいせつだよ。そうすれば、相手《あいて》も自分《じぶん》の個性《こせい》を認《みと》めてくれる。他人《たにん》を自分《じぶん》の思《おも》い通《どお》りにしたいという気《き》もちをなくすこと。それが、よい人間関係《にんげんかんけい》をつくるコツなんだ！

やるべきことをやるには？

やるべきことなら迷《まよ》わずやろう。他人《たにん》がやるかどうかは、関係《かんけい》ないよ。

あなたが始《はじ》めるべきだ。他《ほか》の人《ひと》が協力的《きょうりょくてき》であるかどうかなど考《かんが》えることなく

遊《あそ》ぼうよ
勉《べん》強《きょう》なんて後《あと》でいいじゃん
わたしは帰《かえ》って勉《べん》強《きょう》するわ
意《い》志《し》の重《おも》さ

まず自分《じぶん》が行動《こうどう》しよう！

やるべきことがあるのに、まわりの人《ひと》はぜんぜん協力《きょうりょく》してくれない。それどころか関心《かんしん》さえももってくれない……。そんなとき、このことばを思《おも》い出《だ》してほしい。

アドラーせんせいは、やるべきことは、他人《たにん》に左右《さゆう》されずにやるべきだといっているよ。もしかしたらきみは、「なんで自分《じぶん》だけ？」なんて思《おも》うかもしれないね。でも、きみにとってやるべきことなら、まわりの人《ひと》の協《きょう》力《りょく》があってもなくても、だいじなことには変《か》わりはないはず。ほんとうにだいじなことなら、こころを強《つよ》くもって、まず1人《ひとり》で行動《こうどう》することが必要《ひつよう》だよ。

授業中《じゅぎょうちゅう》なら、まわりが騒《さわ》がしくても、ノートを開《ひら》いて黒板《こくばん》を見《み》つめてみよう。集中《しゅうちゅう》すれば、周囲《しゅうい》がうるさくても気《き》にならなくなるよ。この時間《じかん》を無駄《むだ》に過《す》ごしたら、損《そん》をするのは、結局《けっきょく》きみ自身《じしん》になってしまうからね。

まわりに流《なが》されず、やるべきことをしっかりやる！それができれば、きみは大《おお》きく成長《せいちょう》できるはずだよ。

自分《じぶん》が成長《せいちょう》したい、という気《き》もちに「まわりの人《ひと》のため」をプラスしてみよう。

……真《しん》に人生《じんせい》の課題《かだい》に直面《ちょくめん》し、それを克服《こくふく》できる唯一《ゆいいつ》の人《ひと》は、……他《ほか》のすべての人《ひと》を豊《ゆた》かにするという傾向《けいこう》を見《み》せる人《ひと》、他《ほか》の人《ひと》も利《り》するような仕方《しかた》で前進《ぜんしん》する人《ひと》である。

ぼくの穴《あな》を
みんなが
使《つか》ってくれると
いいな

まわりの人《ひと》の幸《しあわ》せも考《かんが》えよう！

人《ひと》が幸《しあわ》せになるには、どんな生《い》き方《かた》が1番《ばん》いいんだろう。そんな疑問《ぎもん》に対《たい》して、アドラーせんせいは、「幸《しあわ》せになりたいなら、自分《じぶん》の成長《せいちょう》がほかの人《ひと》の幸《しあわ》せにつながるような生《い》き方《かた》をしてみよう」といっているよ。

もしかしたらきみは、「人《ひと》の幸《しあわ》せなんて考《かんが》えていたら、自分《じぶん》は幸《しあわ》せになれない」と思《おも》うかもしれないね。でも人間《にんげん》は、自分《じぶん》のためにがんばってくれる人《ひと》がいたら、自然《しぜん》にその人《ひと》をたいせつにしたくなるものだよ。社会《しゃかい》の役《やく》に立《た》つように自分《じぶん》を成長《せいちょう》させようとがんばっている人《ひと》なら、まわりの人《ひと》みんなが応援《おうえん》したくなるんだ。つまり、まわりの人《ひと》の幸《しあわ》せも考《かんが》えて自分《じぶん》を成長《せいちょう》させれば、自分《じぶん》もまわりも幸《しあわ》せにできる。アドラーせんせいは、そんなふうに考《かんが》えていたんだよ。

自分《じぶん》のためにがんばる。そこに、まわりの人《ひと》の役《やく》に立《た》ちたいという気《き》もちもプラスしてみよう！ そんな生《い》き方《かた》は、きみの人生《じんせい》をきっと豊《ゆた》かにしてくれるよ。

正《ただ》しく生《い》きると幸《しあわ》せになる？

正《ただ》しい生《い》き方《かた》をしていれば、勇気《ゆうき》やプライドという大《おお》きな財産《ざいさん》を手《て》に入《い》れられるよ。

われわれは、正《ただ》しい態度《たいど》で人生《じんせい》を生《い》きる人《ひと》がすぐに成功《せいこう》することを約束《やくそく》することはできないが、そのような人《ひと》が勇気《ゆうき》を持《も》ち続《つづ》け、自尊心《じそんしん》を失《うしな》わないことを約束《やくそく》できる。

正《ただ》しい生《い》き方《かた》をしてこそ幸《しあわ》せになれる！

正《ただ》しい生《い》き方《かた》というのは、ほかの人《ひと》の幸《しあわ》せにつながる生《い》き方《かた》。それはきっと、きみの人生《じんせい》を豊《ゆた》かにしてくれる。でも、お金《かね》もちになったり、えらくなったりもできるのかな？　少《すこ》し気《き》になるよね。このことばは、そんな疑問《ぎもん》に正直《しょうじき》に答《こた》えてくれているよ。

アドラーせんせいは、「正《ただ》しい態度《たいど》で人生《じんせい》を生《い》きる人《ひと》」がすぐに成功《せいこう》するとはかぎらないといっている。つまり人《ひと》の役《やく》に立《た》つように生《い》きても、すぐにお金《かね》もちになったり、えらくなったりするとはかぎらないんだ。残念《ざんねん》だったかな？　でも、もっとだいじなものが手《て》に入《はい》るんだって。それは、正《ただ》しい態度《たいど》で人生《じんせい》を生《い》きているという勇気《ゆうき》やプライドだよ。それには、お金《かね》や地位《ちい》があっても手《て》に入《はい》らない価値《かち》があるんだ。

きみも、正《ただ》しい生《い》き方《かた》をすれば、自分《じぶん》にプライドをもち続《つづ》けることができるよ。そして、自分《じぶん》の人生《じんせい》に満足《まんぞく》できる。それはだれよりも成功《せいこう》した生《い》き方《かた》なんだ！

もっと教《おし》えて!! アドラーせんせい

アドラーせんせいが『人生《じんせい》の意味《いみ》の心理学《しんりがく》』で教《おし》えてくれるのは、幸《しあわ》せな人生《じんせい》の歩《あゆ》み方《かた》。それは、勇気《ゆうき》をもって自分《じぶん》を変《か》えながら、ほかの人《ひと》と協力《きょうりょく》する生《い》き方《かた》だよ。そのためにだいじなことを、もっとアドラーせんせいに聞《き》いてみよう！

理想《りそう》の生《い》き方《かた》って？

人《ひと》の生《い》き方《かた》に正解《せいかい》なんてないよ。どう生《い》きるかは自分《じぶん》で考《かんが》えよう。

人生《じんせい》に与《あた》えられる意味《いみ》は、人間《にんげん》の数《かず》と同《おな》じだけある。

なんでも思《おも》い通《どお》りにしたい！

あたりまえだけど、「自分《じぶん》が世界《せかい》の中心《ちゅうしん》」なんてありえないよ。

甘《あま》やかされた子《こ》どもは、自分《じぶん》の願《ねが》いが法律《ほうりつ》になることを期待《きたい》するように育《そだ》てられる。

つい怒《おこ》ってしまう…

つい怒《おこ》ってしまうのは、自分《じぶん》の弱《よわ》さをかくすため。まず弱《よわ》い自分《じぶん》を見《み》つめることがだいじ。

劣等《れっとう》コンプレックスは、それに対《たい》して人《ひと》がしかるべく適応《てきおう》していない、あるいは、準備《じゅんび》できていない問題《もんだい》を前《まえ》にした時《とき》に現《あらわ》れる。

幸《しあわ》せを見《み》つけたい！

自分《じぶん》は人《ひと》との
つながりのなかで
生《い》きている。
そのつながりにこそ
幸《しあわ》せがかくれているよ。

われわれのまわりには他者《たしゃ》がいる。そして
われわれは他者《たしゃ》と結《むす》びついて生《い》きている。

人生《じんせい》で1番《ばん》たいせつなことって？

人《ひと》と協力《きょうりょく》する気《き》もちで
生《い》きること。
これが1番《ばん》たいせつな、
人生《じんせい》のルール。

私自身《わたしじしん》は、協力《きょうりょく》を最終目標《さいしゅうもくひょう》と認《みと》める
すべての人間《にんげん》の努力《どりょく》に賛同《さんどう》する。

どう生《い》きればいいの？

仕事《しごと》、友《とも》だち、愛《あい》を
たいせつにすれば、
人生《じんせい》の問題《もんだい》は
ほとんど解決《かいけつ》できるよ。

すべての人《ひと》は、三《みっ》つの主要《しゅよう》な絆《きずな》の中《なか》に
生《い》きている。……人《ひと》が直面《ちょくめん》するすべての
問題《もんだい》や問《と》いは、そこから生《しょう》じるからである。

＊この本《ほん》で紹介《しょうかい》している訳文《やくぶん》は、『人生《じんせい》の意味《いみ》の心理学《しんりがく》
〔上《じょう》・下《げ》2冊《さつ》〕』（アルフレッド・アドラー、岸見一郎《きしみいちろう》
訳《やく》、アルテ）を参照《さんしょう》しました。

● イラスト　林ユミ／ふわこういちろう

● 企画・編集　株式会社日本図書センター

● 制作　株式会社アズワン

● 参考文献　『ツァラトゥストラ』（ニーチェ、手塚富雄訳、中公文庫）／『NHK「100分de名著」ブックス　ニーチェ　ツァラトゥストラ』（西研、NHK出版）／『人生の意味の心理学（上・下2冊）』（アルフレッド・アドラー、岸見一郎訳、アルテ）／『NHK 100分de名著 2016年10月』（岸見一郎、NHK出版）／『アドラーの生涯』（エドワード・ホフマン、岸見一郎訳、金子書房）

NDC159
あの古典のことばがよくわかる！
超訳！ こども名著塾
④ ツァラトゥストラ
人生の意味の心理学
日本図書センター
2018年　72P　22.2 × 18.2cm

あの古典《こてん》のことばがよくわかる！
超《ちょう》訳《やく》！　こども名《めい》著《ちょ》塾《じゅく》
④ツァラトゥストラ－強《つよ》く生《い》きてみよう！
人生《じんせい》の意味《いみ》の心理学《しんりがく》－人生《じんせい》にチャレンジ！

2018年9月25日　初版第1刷発行

編　集　「超訳！ こども名著塾」編集委員会
発行者　高野総太
発行所　株式会社 日本図書センター
〒112-0012 東京都文京区大塚3-8-2
電話　営業部 03-3947-9387
出版部 03-3945-6448
http://www.nihontosho.co.jp
印刷・製本　図書印刷 株式会社

2018 Printed in Japan

ISBN978-4-284-20419-4（第4巻）